Das große Buch
mit den besten Geschichten

© 2018 Disney Enterprises Inc.
Alle Rechte vorbehalten.
Die deutsche Ausgabe erscheint bei:
Carlsen Verlag, Völckersstraße 14–20, 22765 Hamburg
Lektorat: Tina Fjorde
Gestaltung und Satz: awendrich grafix, Hamburg
Herstellung: Steffen Bollermann

Inhalt

Dornröschen – Ein perfektes Team	8
Küss den Frosch – Die magischen Krapfen	28
Rapunzel – Ein haariger Wettstreit	44
Schneewittchen – Ein stürmisches Abenteuer	60
Merida – Der Kobold von DunBroch	76
Aladdin – Das Wüstenrennen	94
Arielle die Meerjungfrau – Der Gesang der Wale	108
Die Schöne und das Biest – Erfindung mit Herz	120
Cinderella – Eine neue Mäusefreundin	134
Aladdin – Der Stein des Sultans	146

Dornröschen

Ein perfektes Team

Eines Morgens wollten Prinzessin Aurora und Prinz Phillip zusammen ausreiten. Sie gingen in den königlichen Stall, um sich ihre Pferde auszusuchen. Doch es waren so viele und allesamt waren sie so hübsch, dass Aurora sich wie immer nicht entscheiden konnte. Sie seufzte. Plötzlich hatte sie eine Idee.

„Ab sofort reite ich immer dasselbe Pferd", entschied Aurora. „Aber welches soll ich nehmen?"

Da fiel ihr Blick auf einen großen, hellen Hengst. Er sah stark und freundlich aus.

Der Stallbursche führte das Pferd auf die Koppel hinaus und ließ es ein paar Runden laufen. Es hielt den Kopf so stolz erhoben, als wäre es der König selbst. Das war wirklich ein schöner Anblick.

Als Aurora den Hengst ritt, gefiel er ihr sogar noch besser.

„Wie heißt er?", fragte sie den Stallburschen.

„Wir nennen ihn Brutus, Eure Majestät", antwortete der Bursche.

Aurora schüttelte den Kopf. „Brutus klingt eingebildet und gemein. Er sollte einen netten Namen haben. Wie wäre es mit Butterblume?"

Aurora ritt mit Butterblume durch den Schlosspark. Als eine Kutsche an ihnen vorbeirollte, blieb Butterblume aufmerksam stehen. Und als Aurora mit ihm über eine Mauer springen wollte, flog er leichtfüßig durch die Luft. Aurora war entzückt. Sie hatte das perfekte Pferd gefunden!

„Ich möchte mit Butterblume zum Häuschen der drei Feen reiten", sagte Aurora am nächsten Tag zu Prinz Phillip. „Sie sollen ihn kennenlernen."

„Ich begleite dich. Dann musst du nicht allein durch den Wald reiten", antwortete er.

Aber die Prinzessin schüttelte den Kopf. „Unsinn, ich bin in diesen Wäldern aufgewachsen! Außerdem ist doch Butterblume bei mir. Wir werden aufeinander aufpassen."

Also winkte Phillip zum Abschied, als Aurora und Butterblume sich auf den Weg machten. Solange sie noch in der Nähe des Schlosses waren, trabte Butterblume ruhig und gut gelaunt den Weg entlang.

Doch das änderte sich schlagartig, als sie in den Wald kamen. Butterblume stolperte nur noch langsam vorwärts. Und als ein paar von Auroras Waldfreunden auftauchten, zuckte er zusammen und versuchte gar umzudrehen und davonzurennen!

„Niemand tut dir was, hab keine Angst", sagte Aurora zu ihrem Pferd. Doch Butterblume hörte nicht zu. Er tänzelte nervös weiter und weigerte sich, über einen umgestürzten Baumstamm zu steigen.

Auch durch einen kleinen Bach wollte Butterblume nicht gehen, sondern schnaubte und zitterte ängstlich.

Als sie endlich das Häuschen der Feen erreichten, war Aurora erschöpft und sehr verwundert: Wie konnte ein solch tapferes Palastpferd im Wald nur so ein Angsthase sein?

Flora, Fauna und Sonnenschein klatschten in die Hände, als sie Auroras Hengst sahen. „Er ist wirklich hübsch, meine Liebe!", sagte Fauna.

Aurora seufzte. „Ja, hübsch ist er. Ich wünschte nur, er wäre nicht so schreckhaft."

„Ach, das wird schon", antwortete Flora und lächelte ihr aufmunternd zu. „Du musst nur etwas Geduld mit ihm haben."

Sonnenschein trat dicht an Butterblume heran.
„Was für ein schönes Fell er hat!", sagte sie.
„Aber mit blauen Hufen würde
er noch besser aussehen."
Sie hob ihren Zauberstab
und schwupp, da waren
Butterblumes Hufe blau.

„Sei nicht albern, ein Pferd hat doch keine blauen Hufe!", rief Flora. „Obwohl – in Verbindung mit einem rosa Fell wäre das wirklich hübsch."

Schwipp! Schwapp! Schwupp! Die Feen schwenkten munter ihre Zauberstäbe und färbten Butterblume blau, rosa und grün.

Aurora seufzte. Der Farbenzauber schien ihr Pferd überhaupt nicht zu stören. Dafür aber das kleine Blatt, das da vom Baum segelte. Das flößte ihm so viel Furcht ein wie ein pferdefressender Drache.

„Das ist es!", rief Aurora plötzlich. „Als Palastpferd ist Butterblume an Menschen, Kutschen und gepflegte Wege gewöhnt. Aber er ist nie zuvor im Wald gewesen. Deshalb kennt er weder andere Tiere noch Baumstämme, Flüsse oder Geräusche des Waldes. Kein Wunder, dass diese Dinge ihn ängstigen!"

Die Prinzessin wollte Butterblume deswegen aber nicht einfach aufgeben. Sie entschied ihm zu helfen seine Ängste zu überwinden. Zuerst einmal musste sie ihn allerdings zum Schloss zurückbringen.

Aurora verabschiedete sich von den Feen und trat den Heimweg an. Butterblume zuckte bei jedem Knarren und Flattern zusammen, aber die Prinzessin trieb ihn jedes Mal schnell weiter voran. „Ich will dir ja helfen, aber wie soll ich das bloß anstellen?", überlegte sie ratlos.

In dem Moment blieb Butterblume so plötzlich stehen, dass Aurora fast aus dem Sattel fiel. Als sie sich wieder aufgerichtet hatte, schnappte sie erschrocken nach Luft.

Vor ihnen auf dem Weg lauerte ein riesiger Berglöwe! Diesmal waren sie wirklich in Gefahr. Und wenn Butterblume schon vor einem Waldkaninchen Angst hatte, würde er bei einem Berglöwen bestimmt durchgehen!

Zu Auroras Überraschung ging Butterblume jedoch nicht durch. Die Prinzessin spürte zwar, dass er sich fürchtete, aber er baute sich mutig vor dem Berglöwen auf. Dann schnaubte Butterblume bedrohlich und trat mit seinen Hufen nach der Raubkatze.

Aurora klammerte sich am Sattel fest. Butterblumes Tapferkeit machte ihr selbst Mut. Schnell brach sie einen Ast von einem nahen Baum.

„Lass uns in Ruhe!", schrie sie den Berglöwen an und drohte ihm mit dem Ast. „Oder es ergeht dir schlecht!"

Das beeindruckte die Raubkatze leider wenig. Doch Butterblume schnaubte noch einmal zornig und sprang dann auf das Tier zu. Mit einem Huf trat er dem Berglöwen mitten auf den Schwanz. Aurora hieb ihm derweil den Ast auf die Nase.

Das reichte dem Berglöwen nun doch. Beleidigt jaulte er auf, zog seinen Schwanz unter Butterblumes Huf weg und verschwand im Wald.

Aurora war sehr stolz auf sich selbst und auf ihr Pferd. Butterblume hatte Mut bewiesen, als es wirklich wichtig gewesen war.

„Komm, Butterblume", sagte sie und klopfte ihm auf den Hals. „Lass uns nach Hause reiten."

Mit hoch erhobenem Kopf trabte das Pferd los.

Sie hatten den Wald schon fast verlassen, als ein Schmetterling vorbeiflatterte. Butterblume riss die Augen auf und sprang erschrocken in die Luft.

Doch diesmal lächelte Aurora nur. „Eben hast du mir Mut gemacht und jetzt soll es andersherum sein. Ich werde dir helfen deine Angst vor dem Wald zu überwinden." Sanft streichelte sie dem Pferd den Hals und redete ihm dabei gut zu. Der Schmetterling kam näher und näher – und landete schließlich auf Butterblumes Nase.

Als er mit den Flügeln schlug, zuckte Butterblume kaum noch. Aurora lächelte stolz. Die Feen hatten recht gehabt. Es brauchte nur etwas Geduld, Verständnis und Vertrauen.

„Guter Junge!", lobte sie das Pferd. „Wir zwei sind wirklich ein perfektes Team, Butterblume."

Disney Prinzessin
Küss den Frosch

Die magischen Krapfen

Schon als kleines Mädchen liebte Tiana es, zu kochen. Ihr Vater lehrte sie alles, was er wusste. Sie verbrachten viele glückliche Stunden am Herd, kochten Eintöpfe und träumten von dem Restaurant, das sie eines Tages zusammen eröffnen würden. Sie stellten sich einen warmen Ort vor, an dem sich viele verschiedene Menschen treffen und anfreunden konnten, während sie zusammen aßen.

Als Tiana erwachsen geworden war, war ihr Vater leider schon gestorben. Doch das junge Mädchen träumte noch immer von einem eigenen Restaurant. Sie hatte ein Auge auf die alte Zuckermühle geworfen. Das wäre der perfekte Ort!

Tiana wusste, dass sie dafür hart arbeiten musste. Sie jobbte als Kellnerin in einem Lokal und sparte jeden Cent ihres Trinkgeldes. Trotzdem dachte sie manchmal, dass sie nie genug Geld zusammenbekommen würde, um die Mühle zu kaufen.

Deswegen suchte Tiana irgendwann nach einem zweiten Job. Sie hatte sich ausgerechnet, dass sie mit doppelt so viel Arbeit doppelt so schnell die Mühle kaufen könnte.

Zuerst probierte sie es bei der Schneiderei von Mrs Johnson.

„Hallo, ist jemand da?", rief Tiana.

„Hier bin ich!", antwortete Mrs Johnson. Sie kniete auf dem Boden und nähte den Saum an einem Kleid fest. „Hilfst du mir bitte auf?", fragte sie Tiana.

Nachdem sie Mrs Johnson auf einen Stuhl geholfen hatte, schnappte Tiana sich Nadel und Faden. „Ich nähe das schnell für Sie fertig."

„Das Talent zum Nähen hast du wohl von deiner Mutter geerbt", sagte Mrs Johnson, als sie Tianas Werk betrachtete.

„Schön, dass Sie das denken", antwortete Tiana. „Denn ich hatte gehofft, Arbeit bei Ihnen zu finden."

„Leider habe ich zurzeit nicht so viel zu tun", seufzte Mrs Johnson. „Aber frag mich in ein paar Wochen noch mal, dann ist es vielleicht besser."

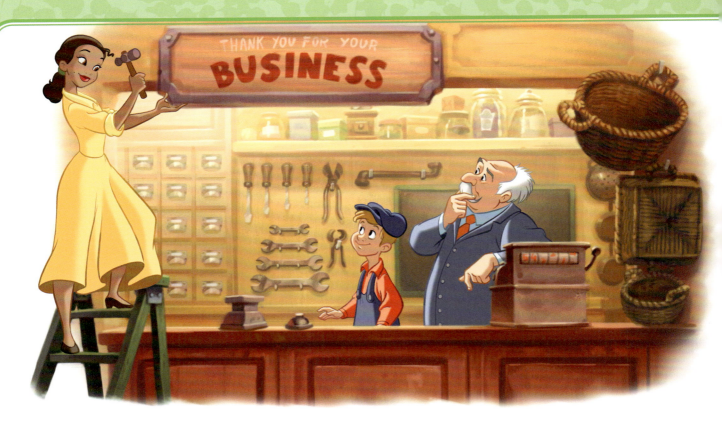

Tiana war enttäuscht, wollte aber so schnell nicht aufgeben. Also lief sie als Nächstes zum Haushaltswarenladen.

Mr Lamoreaux, der Besitzer, begrüßte sie freundlich. „Was kann ich für dich tun? Brauchst du vielleicht eine Leiter? Oder einen Besen?"

Tiana betrachtete das Schild über der Ladentheke, das nur noch an einer Ecke baumelte. Sie griff schnell nach einem Hammer, stieg auf eine Leiter und nagelte es wieder fest.

„Wie wäre es mit einem Teilzeitjob?", fragte sie anschließend.

„Es tut mir leid, Tiana, aber ich habe gerade erst meinen Neffen eingestellt", antwortete Mr Lamoreaux. „Ganz bestimmt ergibt sich bald etwas anderes für dich."

Zurück auf der Straße beobachtete Tiana, wie viele Leute bei Coras Schönheitssalon ein- und ausgingen. Vielleicht habe ich da Glück, dachte sie.

„Zeig mir doch mal, was du mit Mrs Richmonds Haaren anstellen kannst", sagte Cora, als Tiana nach einem Job fragte.

Eifrig machte Tiana sich mit Lockenwicklern und Haarnadeln an die Arbeit. Das fertige Werk sah allerdings mehr wie eine Hochzeitstorte als wie eine Frisur aus.

„Oje, ich war wohl in Gedanken mehr bei dem Nachtisch-Rezept, das ich mir heute morgen ausgedacht habe", seufzte Tiana. „Ich glaube, ich bin dir keine große Hilfe. Trotzdem danke, Cora."

Erschöpft betrat Tiana Dukes Café und ließ sich auf einen Stuhl fallen. Sie brauchte dringend eine Pause.

„Was ist denn mit dir los?", fragte Buford, der Chefkoch. „Du siehst nicht gerade glücklich aus."

„Ich suche einen Job, aber bisher hatte ich kein Glück", erklärte Tiana. Dann hatte sie eine Idee. „Brauchst du vielleicht eine neue Kellnerin? Ich arbeite hart, wenn du mir nur eine Chance gibst."

„Das glaub ich dir", sagte Buford. „Aber im Moment brauchen wir wirklich niemanden. Kopf hoch, du findest schon was!" Er öffnete die Kuchen-Vitrine. „Hier, probier mal einen meiner weltberühmten Donuts. Der zaubert dir wieder ein Lächeln aufs Gesicht."

Tiana nahm einen Bissen. Der Donut schmeckte trocken und fad. Sie wollte aber nicht unhöflich sein und bedankte sich trotzdem. „So einen Donut hab ich vorher wirklich noch nie gegessen", sagte sie. Das war zumindest nicht gelogen.

Zu Hause erzählte Tiana ihrer Mutter von dem erfolglosen Tag. „Wenn das so weitergeht, werde ich vielleicht niemals genug Geld zusammensparen", sagte sie traurig.

„Du arbeitest auch mit einem Job schon hart genug", antwortete Eudora. „Du hast ja nicht einmal mehr Zeit für die Dinge, die du liebst – wie zum Beispiel das Kochen! Oh, wie vermisse ich zum Beispiel deine köstlichen Krapfen. Sie sind nicht von dieser Welt, einfach magisch."

Tiana schaute auf. „Mit Magie kenne ich mich nicht aus", sagte sie. „Aber die Krapfen sind einen Versuch wert!"

„Wie meinst du das?", fragte Eudora.

„Das wirst du schon sehen, Mama."

Am nächsten Morgen mixte Tiana einen Teig zusammen. Sie ließ ihn eine Weile gehen und zerteilte ihn dann in viereckige Stückchen, die sie in einem Topf frittierte. Schnell wurden sie goldgelb und kross. Tiana holte vorsichtig einen heißen Krapfen nach dem anderen aus dem Topf und bestreute ihn mit Puderzucker. Lächelnd legte sie ein besonders großes Exemplar für ihre Mutter beiseite und stapelte die anderen auf ein Tablett.

Tiana lief schnurstracks zu Dukes Café damit und stellte das dampfende Gebäck auf die Theke.

„Mmmh, riecht das gut hier!", sagte ein Gast, als der köstliche Duft der frischen Krapfen das Café erfüllte. Neugierig kam er näher.

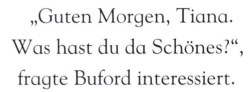

„Guten Morgen, Tiana. Was hast du da Schönes?", fragte Buford interessiert.

„Das sind meine hausgemachten Krapfen", sagte Tiana. „Damit möchte ich dir danken, weil du gestern so nett zu mir warst und mir Mut zugesprochen hast. Greif zu und probier mal einen!"

Das ließ Buford sich nicht zweimal sagen. Er nahm einen Krapfen und biss hinein.

„Wie schmeckt er dir?", fragte Tiana.

Er schmeckte Buford hervorragend. Das wollte er aber vor den Gästen nicht zugeben. Immerhin war er hier der Chefkoch! Dennoch – diese Krapfen waren wirklich ausgezeichnet.

„Lass mich noch mal einen probieren", sagte er deshalb und stopfte sich drei Krapfen gleichzeitig in den Mund.

„Und?", fragte Tiana.

„Moment noch", nuschelte Buford. „Ich will nicht vorschnell urteilen." Er verschlang einen Krapfen nach dem anderen, bis er das halbe Tablett leer gegessen hatte. „Gar nicht mal schlecht", sagte er dann und leckte sich den Puderzucker von den Fingern.

Mittlerweile starrte jeder Gast im Raum auf Tianas Krapfen.

„Darf ich auch mal probieren?", fragte jemand.

„Ich möchte auch, bitte", sagte ein anderer.

In Sekundenschnelle waren alle Krapfen weg und die Gäste guckten enttäuscht auf das leere Tablett.

„Kein Problem, Buford", sagte Tiana, als sie das Café verließ. „Ich backe einfach noch eine Ladung und komme morgen wieder."

Am nächsten Morgen warteten bereits jede Menge Leute vor dem Café, als Tiana mit den dampfenden Krapfen erschien. Die hungrige Meute folgte Tiana auf dem Fuß.

„Kannst du mir beibringen diese leckeren Dinger zu backen?", fragte Buford.

„Tut mir leid, aber das ist ein geheimes Familienrezept", antwortete Tiana. „Ich muss auch gleich wieder los, um weiter nach einem Job zu suchen."

Am Morgen darauf warteten noch mehr Leute vor Dukes Café. Buford war sehr erleichtert, als Tiana erschien.

„Hast du wieder Krapfen mitgebracht?", rief er sofort.

„Nein, hab ich nicht."

„Aber all diese Leute warten nur darauf!", beschwerte sich Buford.

„Tja, anscheinend brauchst du eine Krapfen-Bäckerin – und eine Kellnerin, die all die zusätzlichen Kunden bedient", antwortete Tiana. „Du hast Glück, denn ich kann beides."

„Ich kann dich nicht einmal für einen Job bezahlen, geschweige denn für zwei!", rief Buford.

„Du konntest nicht", sagte Tiana. „Aber jetzt kannst du es, denn meine Krapfen haben dir mindestens dreimal so viele Kunden eingebracht. Also was sagst du?"

Buford reichte ihr eine Schürze. „Miss Tiana, du bist eine harte Geschäftsfrau", sagte er. „Aber du hast den Job."

In Nullkommanichts hatte Tiana genug Krapfen gebacken, um alle Gäste im Café damit zu versorgen.

Später am Tag erzählte Tiana ihrer Mutter von dem neuen Job. „Als du meine Krapfen magisch nanntest, beschloss ich diesen Zauber einmal auszuprobieren", sagte Tiana.

„Das war keine Zauberei", antwortete Eudora. „Den Job hast du deinem Verstand und deiner Hartnäckigkeit zu verdanken. Ich bin sehr stolz auf dich, mein Schatz."

„Danke, Mama", sagte Tiana glücklich. Jetzt war sie ihrem Traum einen großen Schritt näher gekommen. „Ich hab ein paar Krapfen nur für dich gebacken. Wollen wir sie zur Feier des Tages zusammen essen?"

„Ich dachte schon, du fragst nie!", sagte Eudora und lachte.

Rapunzel
Neu Verföhnt
Ein haariger Wettstreit

Rapunzel lief glücklich durch den Wald. Sie konnte kaum glauben, dass ihr großer Traum bald wahr werden sollte. Fast 18 Jahre lang hatte sie von ihrem Turm aus diese geheimnisvollen Lichter beobachtet. Jedes Jahr zu ihrem Geburtstag hatten sie am Himmel geschwebt. Sie hatte diese Lichter schon immer aus der Nähe sehen wollen. Und jetzt führte ihr Begleiter Flynn Rider sie endlich dorthin: in das Königreich.

Flynn dagegen war gar nicht glücklich. Er hatte sich eigentlich nur in Rapunzels Turm verstecken wollen. Denn er war ein Dieb und hatte eine kostbare Krone gestohlen, weshalb ihn die Palastwachen jagten.

Rapunzel hatte Flynn die Krone aber abgenommen und sie versteckt. Erst, wenn er sie zu den Lichtern geführt hatte, wollte sie ihm die Krone zurückgeben. Flynn musste also mit ihr in das Königreich laufen, obwohl er dort gesucht wurde. Wenn er ihr dieses Vorhaben nur ausreden könnte!
Plötzlich hatte er eine Idee.

„Du hörst das bestimmt nicht gern, aber ehrlich gesagt ist der Wald ein ziemlich gefährlicher Ort für jemanden wie dich", sagte Flynn zu Rapunzel. Rapunzel verschränkte die Arme vor der Brust. „Jemanden wie mich? Was willst du damit sagen? Alles, was du kannst, kann ich doch schon lange! Wenn ich es mir so überlege, würde ich wetten, dass ich es sogar besser kann!"

Flynn grinste. „Du willst wetten? Gut, dann schlage ich einen kleinen Wettkampf zwischen uns beiden vor. Wenn ich gewinne, gehst du wieder nach Hause zu deinem Turm und gibst mir meine Krone zurück."

Rapunzel schüttelte den Kopf. „Nein, um die Krone wette ich nicht", sagte sie. „Wir haben schließlich unsere Abmachung und dabei bleibt es auch. Der Gewinner muss etwas anderes bekommen." Sie dachte einen Moment lang nach. Dann fiel ihr Blick auf ihr Chamäleon Pascal, das hungrig seinen Bauch rieb.

„Ich hab's!", rief Rapunzel. Sie holte ihre Bratpfanne heraus und hielt sie Flynn vor die Nase. „Der Verlierer muss dem Gewinner etwas kochen. Und zwar etwas Leckeres!"

„Top, die Wette gilt", sagte Flynn lachend. Er würde ja sowieso gewinnen, dachte er.

„Gut, was für ein Wettkampf soll es sein?", fragte Rapunzel. „Sollen wir etwas malen? Oder eine Partie Schach spielen?"

Flynn lachte wieder. „Es soll doch ums Überleben gehen, hast du das schon vergessen? Es ist gefährlich im Wald! Was wäre zum Beispiel, wenn uns ein wildes Tier angreift? Wer klettert dann am schnellsten hier hoch?" Flynn zeigte auf einen großen Baum. „Glaubst du, du kannst mich schlagen?"

Rapunzel stellte sich kerzengerade hin. Im Nu hatte sie ihr langes Haar um einen niedrigen Ast geschlungen und schwang sich anmutig in den Baum hinauf.

„Moment mal!", rief Flynn. „Ich hab noch gar nicht das Startzeichen gegeben!"

Er zog zwei Pfeile aus seiner Tasche und kletterte mit ihrer Hilfe den Baum hinauf und an Rapunzel vorbei.

„Das ist zu leicht", dachte er. „Sie hat überhaupt keine Chance. Ich bin der schnellste Kletterer im ganzen Königreich."

Als er die Krone des Baumes fast erreicht hatte, sah Flynn nach unten. Rapunzel war nirgends zu entdecken. „Sie klettert noch langsamer, als ich dachte", sagte Flynn zu sich selbst. Da hörte er von oben eine Stimme rufen.

„Hallo! Flynn Rider! Wo bleibst du denn?"

Flynn sah hoch und staunte.

Rapunzel saß auf dem obersten Ast des Baumes. „Wie bist du so schnell dort hinaufgekommen?", rief er.

Rapunzel wies stolz auf ihr goldenes Haar. „Du wirst nicht glauben, was ich damit alles anstellen kann!", sagte sie. „Mein Haar ist lang genug, um jeden Ast zu erreichen, und sei er noch so hoch."

„Das ist unfair!", sagte Flynn. „Du darfst dein Haar nicht zu Hilfe nehmen. Ich verlange einen weiteren Wettkampf – und diesmal bleiben die Haare aus dem Spiel!"

Rapunzel schluckte ihre Enttäuschung herunter. Sie verzichtete nicht gern auf die Hilfe ihrer Haare. Aber es würde auch ohne sie gehen. Außerdem machte ihr das Wettkämpfen richtig Spaß. Also stimmte sie zu. Diesmal wollten sie um die Wette laufen. Pascal würde das Startzeichen geben.

„Wer als Erstes am Fluss ist, gewinnt", sagte Flynn.

Und schon schwenkte Pascal ein Fähnchen und sie rannten los.

Rapunzel und Flynn sprinteten so schnell sie konnten.

„Diesmal kann sie unmöglich gewinnen", dachte Flynn. „Ihre Haare nützen ihr nichts beim Laufen."

Doch plötzlich entdeckte er ein Plakat an einem Baum. „GESUCHT auf Befehl des Königs!", stand groß darauf. Dazu wurde ein Bild von Flynn gezeigt. Allerdings sah seine Nase irgendwie seltsam aus.

„Nicht schon wieder so ein hässlicher Steckbrief!", stöhnte Flynn. „Und immer habe ich darauf so eine riesige, schiefe Nase."

Während Flynn noch auf das Plakat starrte, rannte Rapunzel an ihm vorbei. Ihr glänzendes Haar flog hinter ihr her.

„Ich werde auf keinen Fall verlieren!", rief Flynn und nahm die Verfolgung auf. Doch dann trat er aus Versehen auf Rapunzels Haare, verfing sich darin und stolperte zu Boden. Er hatte sich selbst derart gefesselt, dass er sich nicht wieder befreien konnte. Rapunzel hatte von all dem nichts bemerkt und inzwischen den Fluss erreicht. Sie hatte gewonnen!

Lächelnd drehte sie sich nach Flynn um. Zu ihrer Überraschung sah sie ihn auf dem Boden liegen, komplett eingewickelt in ihre Haare.

„Das war nicht fair", rief Flynn. „Du hast wieder dein Haar benutzt!"

„Nein, hab ich nicht!", antwortete Rapunzel. „Nur meine Beine."

Doch Flynn bestand darauf, dass sie noch einen dritten Wettkampf abhalten sollten. Rapunzel seufzte, stimmte aber zu.

„Immerhin hab ich dich schon zweimal geschlagen. Bestimmt gelingt mir das auch noch ein drittes Mal."

Flynn wies auf den breiten Fluss vor ihnen. „Dann lass uns sehen, wer schneller auf die andere Seite kommt", sagte er.

Rapunzel betrachtete das Wasser. Da sie fast ihr ganzes bisheriges Leben in einem Turm verbracht hatte, konnte sie gar nicht schwimmen. Außerdem war die Strömung wirklich sehr stark.

Als Flynn ins Wasser sprang, schaute Rapunzel sich ratlos um. Wie sollte sie den Fluss überqueren, ohne zu schwimmen? Oder ihr Haar zu benutzen?

„Fällt dir was ein?", fragte sie Pascal, der kopfüber an einer Schlingpflanze baumelte.

Das kleine Chamäleon schüttelte den Kopf, doch Rapunzels Augen leuchteten plötzlich auf. „Das ist es!", rief sie aus.

Keuchend zog Flynn sich am anderen Ufer an Land. Er war klatschnass, aber zufrieden. „Geschafft. Ich hab gewonnen", sagte er.

Dann schaute er auf – und erstarrte. Rapunzel stand direkt vor ihm und sah noch dazu völlig trocken aus.

„Das begreife ich nicht", sagte Flynn und spuckte etwas Wasser aus. „Du warst zuerst hier? Und bist kein bisschen nass geworden?"

Rapunzel nickte. „Das kommt daher, dass ich nicht geschwommen, sondern geschwungen bin."

„Ah, verstehe." Flynn schüttelte sich wie ein nasser Hund. „Also gewinne ich. Wir hatten eine Abmachung, erinnerst du dich? Du durftest deine Haare nicht zu Hilfe nehmen."

„Das hab ich auch nicht!", sagte Rapunzel. Sie hielt das lose Ende einer langen, kräftigen Schlingpflanze hoch. Das andere Ende hing an einem hohen Baum auf der anderen Flussseite. „Wie man schwingt, hab ich an meinem eigenen Haar gelernt", sagte Rapunzel. „Aber diesmal hab ich etwas anderes benutzt."

Flynn zog eine Grimasse. Er hasste es, zuzugeben, dass Rapunzel ihn geschlagen hatte. Wieder einmal. Mit finsterem Gesicht schüttete er das Wasser aus seinen Stiefeln. Schließlich seufzte er. „Okay, du hast gewonnen. Dann los, gehen wir ins Königreich."

„Moment mal, was ist mit dem Preis?", rief Rapunzel. Sie zog ihre Bratpfanne heraus. „Du schuldest uns etwas zu essen. Und wir sind sehr hungrig, stimmt's, Pascal?"

„Ähm, worauf habt ihr denn Appetit?", fragte Flynn.

„Überrasch uns", sagte Rapunzel.

Während sie und Pascal im Schatten eines Kirschbaumes warteten, machte Flynn Feuer. Dann sammelte er Nüsse und Kirschen und röstete sie in der Pfanne. Bald zog ein köstlicher Duft durch die Luft.

„Mmmh!", sagte Rapunzel, nachdem sie probiert hatte. Sie hatte wirklich selten etwas Besseres gegessen. „Du kannst gut kochen", sagte sie zu Flynn. „Fast so gut wie ich. Aber nur fast."

Disney Prinzessin
Schneewittchen und die Sieben Zwerge

Ein stürmisches Abenteuer

Schneewittchen war schon einige Zeit bei den sieben Zwergen zu Besuch. Eines Morgens wachte sie davon auf, dass der Wind an dem kleinen Holzhäuschen rüttelte. Blätter wirbelten draußen gegen die Fenster.

Nach dem Frühstück marschierten die sieben Zwerge davon, um in den Minen zu arbeiten. Schneewittchen wollte inzwischen das Häuschen aufräumen. Sie fegte den Boden und wusch das Geschirr ab. Ihre kleinen Waldfreunde, die Eule, der Biber und die Schildkröte, halfen ihr dabei. Dann schaute Schneewittchen in den Vorratsschrank.

„Nichts als Kartoffeln", seufzte sie. „Wenn wir nur einmal etwas anderes zu essen hätten." Plötzlich fiel ihr etwas ein: „Ich werde im Wald frische Beeren und Nüsse sammeln und einen Kuchen daraus backen!"

Die Eule, der Biber und die Schildkröte nickten erfreut. Das war eine sehr gute Idee, fanden sie!

Die Eule half Schneewittchen ihren Umhang um den Hals zu binden. Dann zogen sie alle zusammen los.

Während Schneewittchen und ihre kleinen Freunde in den Wald liefen, brauste der Wind durch die Zweige und zog an Schneewittchens Kleidern. Das kümmerte sie jedoch wenig. Sie dachte einfach an den köstlichen Kuchen, den sie am Abend backen würde.

Nach einiger Zeit kamen sie an eine Weggabelung.

„Ich bin noch nie dort rechts entlanggegangen", überlegte Schneewittchen und zeigte auf einen langen, schattigen Pfad.

Ganz in der Nähe rauschte munter ein Fluss. „Wollen wir den Weg einmal erforschen?", fragte sie ihre kleinen Freunde. „Bestimmt gibt es dort auch genug Beeren und Nüsse."

In dem Moment wehte sie eine kräftige Windböe genau in diese Richtung.

Schneewittchen lachte. „Das ist bestimmt ein Zeichen!"

Also liefen sie und ihre Waldfreunde den rechten Weg hinunter. Bald erreichten sie den Fluss, den sie gehört hatten. Eine knarrende, alte Holzbrücke führte sie hinüber.

Auf der anderen Seite wand sich der Pfad durch den Wald und führte sie dann auf eine sonnige Lichtung zu. Schneewittchen war sicher, dass dies ein besonderer Ort sein würde. Und richtig: Dort standen unzählige Nussbäume!

„Oh, wie wunderbar!", rief Schneewittchen. Sie lief von einem Baum zum nächsten und staunte. Hier wuchsen Walnüsse, Esskastanien und Mandeln. Sogar ein paar Stachelbeerbäumchen fand sie!

„Pflück du die Nüsse von den höheren Zweigen", bat Schneewittchen die Eule. Der Vogel salutierte mit einem Flügel und flog dann hoch in die Krone eines Baumes. „Biber, du sammelst die Nüsse vom Boden ein", fuhr Schneewittchen fort. „Und du, Schildkröte …"

Doch die Schildkröte war gar nicht da! Schneewittchen lachte. Stimmte ja, die Schildkröte brauchte immer etwas länger als die anderen. Doch das machte nichts, sie konnte auch später noch die Stachelbeeren pflücken.

Die Freunde machten sich an die Arbeit und füllten Schneewittchens Korb.

Plötzlich riss ein kräftiger Windstoß Schneewittchens Umhang mit sich fort.

„Oh nein!", rief sie und sprang auf die Füße.

Ihr Umhang wirbelte durch die Luft in Richtung Wald. Schneewittchen lief hinterher und versuchte ihn zu fangen. Doch jedes Mal, wenn sie ihn fast hatte, blies der Wind ihn weiter fort. Weiter und weiter flog der Umhang, einen steinigen Pfad entlang und an einem großen Fels vorbei. Dann endlich blieb er an einem niedrigen Ast hängen.

Schneewittchen schnappte sich schnell ihr Kleidungsstück und zog es von dem Ast. Doch als sie sich umdrehte, wusste sie nicht mehr, woher sie gekommen war. Sie hatte sich verirrt.

Einen Moment lang fürchtete Schneewittchen sich und wünschte die Zwerge oder ihre kleinen Freunde herbei. Dann aber stemmte sie die Hände in die Hüften. „Jetzt muss ich mich eben allein zurechtfinden", sagte sie tapfer.

Aufmerksam schaute sie sich um. Aus welcher Richtung war sie gekommen? Von links oder von rechts? Ihr Blick fiel auf ihre Schuhe. Sie waren ganz schmutzig, da sie durch Schlamm gelaufen war. Die Abdrücke auf dem Boden waren noch deutlich zu sehen.

„Das ist es! Ich muss nur meinen eigenen Fußspuren zurückfolgen!", rief Schneewittchen aus.

Langsam arbeitete Schneewittchen sich den Weg zurück, den sie gekommen war. Doch dann wurde der Boden steinig und sie konnte keine Spuren mehr entdecken. „Was nun?", fragte sich Schneewittchen. Da sah sie in einiger Entfernung einen großen Fels. „Daran bin ich doch vorbeigekommen, als ich meinem Umhang hinterhergejagt bin!", rief sie.

Schneewittchen eilte zu dem Fels. Von hier aus konnte sie die Lichtung sehen. „Eule, Biber!", rief sie laut.

Als die Eule ihre Stimme hörte, kam sie rasch angeflogen. Auch der Biber lief herbei. Sie sahen beide sehr erleichtert aus.

„Ich habe ein richtiges Abenteuer erlebt", erzählte Schneewittchen ihnen. Sie hob ihren Korb wieder auf. Dann schaute sie sich um. „Ist die Schildkröte noch immer nicht angekommen? Oje, hoffentlich ist ihr nicht dasselbe passiert wie mir und sie hat sich verlaufen! Wir gehen sie besser suchen."

Schneewittchen, Eule und Biber liefen den Weg zurück, den sie vorhin gekommen waren. Doch als sie den Fluss erreichten, sahen sie, dass die alte Brücke eingestürzt war.

„Du meine Güte!", rief Schneewittchen. Sie hatte mitten im Fluss die arme Schildkröte entdeckt. Dort hockte sie auf einem Stein, auf den sie sich wohl in letzter Sekunde hatte retten können. „Der Wind muss die Brücke gerade dann zerstört haben, als die Schildkröte hinübergegangen ist", sagte Schneewittchen. „Und jetzt kommt sie das steile Flussufer nicht wieder hinauf."

Schneewittchen sah sich die zerstörte Brücke genauer an. An dem Ufer auf ihrer Seite hatten sich die Holzpfähle gelöst und waren vom Wasser fortgerissen worden. Auf der anderen Seite war die Brücke noch fest verankert, aber die Holzplanken baumelten mit den Seilenden lose im Wasser.

„Fürchte dich nicht, kleine Schildkröte!", rief Schneewittchen. „Wir werden dich retten!"

Doch wie sollten sie das anstellen? Die Strömung war zu stark, um zu der Schildkröte zu schwimmen.

Schneewittchen dachte nach. „Die Eule kann fliegen. Und der Biber kann gut nagen. Gemeinsam müssten wir doch etwas unternehmen können …"

Da hatte sie eine Idee. Sie schnappte sich einen Stock und zeichnete ein Bild der zerstörten Brücke in den Sand. „Passt auf, so machen wir es", erklärte sie ihren Waldfreunden. „Eule, du fliegst hinüber und schnappst dir die losen Seilenden. Biber, du nagst ein paar neue Pfähle zurecht. Ich hämmere sie in den Boden. Wir bauen die Brücke gemeinsam wieder auf!"

Die drei Freunde machten sich an die Arbeit. Der Biber hatte scharfe Zähne. Es fiel ihm leicht, aus ein paar Ästen neue Pfähle zurechtzunagen. Als er fertig war, hämmerte Schneewittchen die Pfähle mit einem Stein in den Boden.

Dann flog die Eule über den Fluss und griff nach den Seilen, die im Wasser schwammen. Doch die Brücke war schwer, deswegen musste die Eule zuerst ihre anderen gefiederten Freunde zu Hilfe rufen. Zusammen zogen die Vögel das Ende der Brücke aus dem Wasser und zu Schneewittchen hinüber. Die spannte die Seile straff und band sie an die neuen Pfähle.

„Die Brücke ist so gut wie neu!", rief sie fröhlich. „Vielen Dank, meine kleinen Freunde!"

Schnell lief Schneewittchen über die Brücke. Sie schwankte kaum unter ihren Schritten, so gut hatten sie ihre Sache gemacht.

In der Mitte der Brücke kniete Schneewittchen sich hin und schaute über den Rand. Die Schildkröte saß genau unter ihr auf ihrem Stein. Doch das Wasser stieg jetzt rasch an, sie musste sich beeilen. Schneewittchen beugte sich so weit wie möglich hinunter und streckte die Arme nach der Schildkröte aus. Genau bevor eine große Welle über den Stein brach, packte sie das kleine Tier und hob es auf die Brücke.

Erleichtert und dankbar rieb die Schildkröte ihren Kopf an Schneewittchens Hand.

„Freunde helfen einander eben", sagte Schneewittchen lächelnd. „Aber für heute haben wir genug Abenteuer erlebt. Lasst uns nach Hause gehen und endlich diesen Kuchen backen."

Die Freunde machten sich auf den Weg. Diesmal wussten sie genau, wo sie langgehen mussten.

Zurück in ihrem Holzhäuschen backte Schneewittchen einen köstlichen Stachelbeer-Nusskuchen. Gerade als sie ihn aus dem Ofen holte, kehrten die sieben Zwerge heim.

„Der sieht aber mächtig appetitlich aus!", rief Pimpel.

„Hast du heute irgendwelche Fiesigkeiten – äh, Schwierigkeiten gehabt?", fragte Chef.

Schneewittchen zwinkerte Eule, Biber und Schildkröte zu. „Nichts, womit wir nicht fertigwerden konnten", sagte sie lächelnd.

Der Kobold von DunBroch

„Verflixt und zugenäht!", schimpfte Merida. „Ich arbeite seit Wochen an dieser Brosche für Mama. Morgen ist ihr Geburtstag, aber die Brosche gefällt mir einfach immer noch nicht!"

„Ach, das wird schon", sagte Maudie. Als Köchin und Kindermädchen auf DunBroch Castle kümmerte es sie mehr, ob ihre Muffins gut gelungen waren.

„Mmh, für wen sind die denn?", fragte Merida.

„Nicht anfassen!", rief Maudie. „Die sind für den Kobold von DunBroch. Er sorgt dafür, dass hier auf der Burg alles glattläuft."

„Hast du ihn denn schon mal gesehen?", fragte Merida.

„Nein, Kobolde zeigen sich den Menschen nicht gern", sagte Maudie. „Aber ich stelle ihm jeden Tag Muffins und Milch hin – und Disteln, das bringt Glück. Sonst bekommt er am Ende schlechte Laune und stellt irgendwelchen Kobold-Schabernack an. Zum Beispiel auf der Geburtstagsfeier der Königin morgen."

Merida dachte wieder an das Geburtstagsgeschenk für ihre Mutter und seufzte. Anfangs hatte sie die Idee, selbst eine Brosche anzufertigen, begeistert. Merida hatte einen wunderschönen Quarz ausgesucht, das war der Lieblingsedelstein ihrer Mutter.

Dann hatte sie die Fassung selbst entworfen. Doch irgendwie passte alles noch nicht recht zusammen. Merida lief in ihr Zimmer, um sich das Schmuckstück noch einmal anzuschauen – doch es lag nicht mehr in seinem Kästchen! Sofort hatte Merida ihre Brüder im Verdacht.

Die kleinen Teufel sahen allzu schuldbewusst aus. Sie mussten die Brosche weggenommen haben.

Merida war schnell klar, was passiert war. Ihre Brüder hatten bestimmt nichts Böses im Sinn gehabt. Sie hatten sich die Brosche bloß „ausleihen" wollen, weil diese an ihren Umhängen so schön königlich aussah.

Doch dann hatten sie das Schmuckstück beim Spielen verloren.

„Denkt nach, Jungs, strengt euch an!", sagte Merida. „Irgendwo ist es euch runtergefallen. Aber wo?"

Da fiel ihr Blick auf Huberts Hemd. „Ist das eine Distel?", fragte sie. Sie schaute sich ihre anderen beiden Brüder genauer an. „Und sind das Krümel auf deinen Schuhen? Und Milch in deinem Gesicht?"

Plötzlich wusste Merida genau, wo die Jungen am Morgen gespielt hatten.

Merida marschierte mit ihren Brüdern zum Burgtor hinaus. In der Nähe der Brücke lag ein flacher Stein im Gras.

„Genau wie ich es mir gedacht habe", sagte Merida. „Ihr habt die Leckereien aufgegessen, die Maudie für den Kobold hier hingestellt hat! Jetzt wissen wir also, wo ihr die Brosche verloren habt."

Merida und ihre Brüder suchten die ganze Umgebung ab. Doch die Brosche fanden sie nicht.

„Und wenn nun der Kobold sie genommen hat, weil ihr seine Muffins gegessen habt?", überlegte Merida. „Maudie sagte doch, dass er Unheil stiftet, wenn man ihn ärgert."

Schnell schickte Merida ihre Brüder mit unterschiedlichen Aufträgen los.

Hamish besorgte mehr Muffins.

Hubert holte frische Milch.

Harris pflückte neue Disteln.

Und Merida fegte die Krümel und Reste weg.

Nachdem alle zurück waren, stellte Merida ein Tablett zusammen und legte den Strauß Disteln dazu.

Ihre Brüder kicherten. Sie glaubten nicht so recht an Kobolde.

„Seid still und versteckt euch", sagte Merida zu ihnen. Sie zweifelte nicht daran, dass der Kobold die Brosche genommen hatte.

Doch es passierte rein gar nichts.

„Aber natürlich, der Kobold mag ja nicht von Menschen gesehen werden!", rief Merida.
Also probierte sie etwas anderes …

„Kobold von DunBroch",
flüsterte Merida, während sie sich die
Augen zuhielt. „Es tut uns leid, dass dir dein Essen weggenommen wurde. Wir haben versucht es wiedergutzumachen. Kannst du uns jetzt auch helfen, bitte?"

Sie lauschten eine Weile, doch alles blieb still. Schließlich öffneten sie ihre Augen wieder.

„Da liegt etwas Glänzendes!", rief Harris plötzlich. Er lief zu einem nahen Baum und hob etwas auf – es war die Brosche!

„Hat der Kobold sie wirklich gerade eben zurückgebracht? Oder lag sie dort die ganze Zeit?", fragte sich Merida.

Doch noch viel mehr staunte sie, als sie sich das Schmuckstück genauer ansah. Denn es sah ganz bestimmt anders aus als vorher!

Am nächsten Morgen gratulierte Merida ihrer Mutter zum Geburtstag und schenkte ihr die Brosche.

„Das ist ja mein Lieblingsedelstein, eingefasst in eine silberne Distel! Also ein Glücksbringer!", rief Elinor. Sie lächelte ihre Tochter liebevoll an. „Aber mein größtes Glück ist es ja sowieso, dich zur Tochter zu haben."

Merida strahlte. Jetzt war wirklich alles wieder in bester Ordnung auf der Burg, nicht nur mit der Brosche …

Disney
Aladdin
Das Wüstenrennen

Prinzessin Jasmin und Aladdin schlenderten gerade zusammen durch den Palastgarten, als sie den Sultan laut schimpfen hörten.

„Bald steht wieder dieses vermaledeite Wüstenrennen an", erzählte er ihnen. „Der Sieger bekommt als Trophäe die Goldene Palme überreicht. Aber in den vergangenen drei Jahren hat nie ein Reiter unseres Königreichs gewonnen, sondern immer nur Prinz Fayiz von Zagrabah!"

„Mein Pferd Mitternacht ist das schnellste von ganz Agrabah", sagte Jasmin zu ihrem Vater. „Ich könnte doch auf ihm mitreiten!"

Der Sultan schüttelte den Kopf. „Das Rennen ist viel zu gefährlich, dir könnte etwas passieren."

„Und wenn ich Mitternacht reite?", fragte Aladdin.

Diese Idee gefiel dem Sultan sehr gut!

Aladdin hatte noch nie auf Mitternacht gesessen. Tatsächlich hatte ihn bisher überhaupt niemand außer Jasmin geritten. Als Aladdin versuchte ihm den Sattel aufzulegen, sprang Mitternacht zur Seite.

Und als Aladdin sich auf seinen Rücken schwang, warf das Pferd ihn kurzerhand ab.

Doch als Jasmin sich in den Sattel setzte, trabte Mitternacht ganz brav durch die Koppel.

Der Sultan wollte sie aber trotzdem nicht an dem Rennen teilnehmen lassen.

Am Tag des Rennens marschierten die Reiter aus dem Nachbarkönigreich Zagrabah stolz mit ihren Pferden in Agrabah ein. Unter ihnen war auch Prinz Fayiz auf seinem großen, grauen Hengst Wüstenkrieger.

Als die Zeit gekommen war, drängelten sich die Zuschauer um die besten Plätze. Anscheinend wollte jeder Bewohner des Königreichs zuschauen, nur Jasmin fehlte.

Prinz Fayiz und sein Pferd sahen sehr siegesgewiss aus. In letzter Minute gesellte sich Aladdin noch zu den Reitern. Er saß auf einem etwas seltsam aussehenden, blauen Pferd.

Der Sultan hob die Flagge und rief: „Eins, zwei, drei – los!"

Das Rennen hatte begonnen.

Sofort setzte sich ein geheimnisvoller, verschleierter Reiter auf einem schwarzen Pferd an die Spitze. Außer Sichtweite des Palastes warf er den Schleier fort. Es war Jasmin!

„Ich widersetze mich Vaters Wunsch nicht gern", flüsterte sie Mitternacht zu. „Aber ich muss einfach beweisen, dass du der Schnellste von allen bist!"

Jasmin und Mitternacht ritten zuerst allein vorneweg, aber dann holten Fayiz und Wüstenkrieger auf. Der graue Hengst war wirklich sehr groß und stark. Schließlich überholte er Mitternacht.

So leicht gaben Jasmin und ihr Rappe jedoch nicht auf. Seite an Seite galoppierten die beiden Pferde dahin – bis sich plötzlich ein breiter Spalt vor ihnen im Boden auftat. Mitternacht sprang leichtfüßig hinüber, doch Wüstenkrieger bremste schlagartig ab, sodass Fayiz aus dem Sattel flog!

Jetzt schien Jasmin der Sieg gewiss. Aber ein weiterer Reiter näherte sich von hinten.

Jasmin staunte nicht schlecht, als Aladdin neben ihr auftauchte. Sein blaues Pferd sah wirklich sehr seltsam aus. Aber es war schnell wie der Wind. Jasmin wollte unbedingt beweisen, dass Mitternacht der Schnellste von allen war, und trieb ihn bis zum Äußersten an.

Das Ziel kam in Sicht. Nase an Nase rasten die beiden Pferde dahin. Erst schob Mitternacht sich einen Zentimeter vor, dann Aladdins Tier. Keiner konnte jedoch auf Dauer die Führung halten. Schließlich galoppierten die beiden Pferde gleichzeitig über die Ziellinie.

Jasmin sprang sofort ab und führte Mitternacht zu einer Wassertränke. Sie klopfte ihm liebevoll den Hals.

Schon rannte ihr Vater auf sie zu. „Hervorragende Leistung, ihr beiden!", rief er fröhlich. Dann runzelte er die Stirn. „Moment mal. Hatte ich dir nicht verboten mitzureiten?"

„Es tut mir leid, Vater", sagte Jasmin. „Ich wollte nur …"

„Ach, schon gut", unterbrach sie der Sultan. Er packte den Pokal und hielt ihn hoch. „Endlich einmal hat Agrabah gewonnen! Sogar gleich zweifach!"

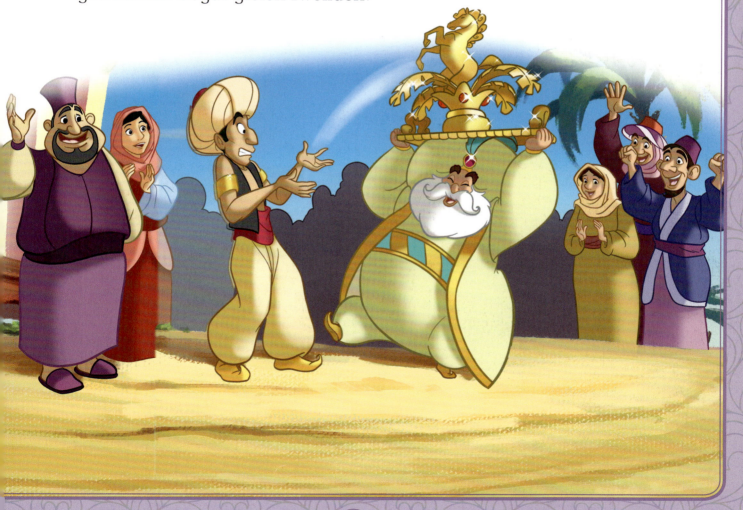

Ihr Vater hatte recht. Jasmin und
Aladdin hatten beide gewonnen.
Die Prinzessin lief zu ihm und
seinem merkwürdigen Pferd hinüber.

„Herzlichen Glückwunsch",
begrüßte er sie.

„Dir auch", antwortete Jasmin.
„Aber wo hast du nur so ein schnelles
Pferd gefunden?"

Aladdin schaute verlegen auf seine Füße herab
und grinste. „Äh, ja, also, es ist so …"

In dem Moment verwandelte sich das blaue Pferd – in Dschinni,
den Flaschengeist! Jasmin schnappte erschrocken nach Luft.

„Entschuldige, Prinzessin", sagte der Dschinni.
„Wir haben uns einfach einen kleinen
Pferdestreich erlaubt."

Der Sultan, der alles
beobachtet hatte, schüttelte
den Kopf. „Nur Pferde und
Reiter dürfen am Rennen
teilnehmen, so lautet die
Regel. Aladdin und Dschinni,
ihr seid disqualifiziert."

„Und damit seid ihr die alleinigen Gewinner, Jasmin und Mitternacht", schloss der Sultan.

Jasmin streichelte ihrem Pferd stolz über den Hals. „Ich hab immer gewusst, dass du schnell bist, Mitternacht. Aber dass du sogar mit einem Dschinni mithalten kannst, hätte ich nicht gedacht!"

Disney Prinzessin
ARIELLE DIE MEERJUNGFRAU
Der Gesang der Wale

„Arieeeeeelle!", rief eine Stimme aus dem leuchtend blauen Wasser. Arielle tauchte unter die Oberfläche, wo ihr Freund Fabius schon auf sie wartete.

„Hallo, Fabius", begrüßte sie ihn fröhlich. „Ist das Wasser nicht herrlich heute? Ach, du solltest mal an die Oberfläche kommen. Die Sonne fühlt sich so gut an."

Fabius lächelte und schüttelte den Kopf. „Ich glaube, ich bleibe lieber hier", antwortete er.

„Wir müssen sowieso zu Sebastian", sagte Arielle. „Ich habe ihm versprochen, dass ich heute beim Konzert singe."

Sebastian hatte ein Sonderkonzert zum ersten Sommertag angesetzt. Arielle war sich sicher, dass er schon alles aufbaute. Ganz sicher wusste sie auch, dass er sich nicht darüber freuen würde, wenn sie zu spät käme.

Seite an Seite schwammen Arielle und Fabius nach Hause. Arielle bewunderte wie immer das herrliche Korallenriff, als sie daran vorbeiglitten.

Es gibt ständig neue Dinge im Meer zu entdecken, dachte sie. Ob ich wohl noch Zeit habe, am Schiffswrack anzuhalten, bevor …

„Ah!", schrie es plötzlich hinter ihr. Fabius zitterte und hielt sich mit den Flossen die Augen zu.

„Ach Fabius, das ist doch nur ein kleiner Krebs." Arielle lachte. „Du brauchst wirklich keine Angst zu haben!"

Sie zog Fabius die Flossen von den Augen, während der Krebs davontrippelte.

Fabius atmete auf.

„Wir müssen wirklich mal an deiner Schreckhaftigkeit arbeiten." Arielle lächelte und versetzte ihm einen Stups mit dem Ellbogen. Sie liebte ihren Freund, aber sogar sie hielt ihn für einen ziemlichen Hasenfuß.

Arielle und Fabius schwammen weiter und kamen schließlich bei Sebastian an, der das Orchester gerade durch eins der letzten Stücke für das Konzert dirigierte.

So spät war Arielle nun auch wieder nicht dran. Warum beeilte sich Sebastian so mit der Probe?

„Aber Sebastian!", sagte Arielle lachend, „wir haben doch noch jede Menge Zeit für die Vorbereitungen."

„Nein, Prinzessin, die haben wir eben nicht", widersprach Sebastian. „Mit dem Konzert feiern wir nicht nur den Sommeranfang, sondern wir spielen auch für die Wale."

„Für die Wale?", fragte Arielle.

„Ja. Weißt du das nicht? Die Wale kommen auf ihrer Wanderung heute in der Korallenbucht vorbei. Alle Wale! Und ich habe deinem Vater versprochen, dass dieses Konzert genau dann gespielt wird, wenn sie über uns hinwegziehen."

Sebastian plapperte weiter, aber Arielle hörte nicht mehr zu. Die Wale? Sie würde so gern mal einen Wal sehen. Aber wie sollte das gehen, wenn sie beim Konzert sang?

„Und wenn dieses Konzert nicht perfekt läuft …", sagte Sebastian gerade. „Arielle … Arielle?"

Arielle tauchte aus ihren Gedanken wieder auf. „Das Konzert wird perfekt laufen", versicherte sie ihm im Wegschwimmen.

„Wo willst du hin?", rief Sebastian.

„Ich muss nur was aus der Schatzgrotte holen", flunkerte Arielle rasch. „Ich verspreche, ich bin noch vor dem Konzert wieder da!" Und mit diesen Worten schwamm sie davon, Fabius im Schlepptau.

„Also, Fabius, bist du bereit für einen kleinen Ausflug zur Korallenbucht?", fragte Arielle mit einem verschmitzten Lächeln.

„Zur Korallenbucht? Aber … aber warum willst du da hin?", fragte Fabius.

„Um die Wale zu sehen", erwiderte sie.

Bald erreichten sie den Rand des Riffs, wo die Korallenbucht begann.

Sogar Arielle war etwas nervös, als sie in die unbekannten Gewässer vorstieß. Und kam es ihr nur so vor oder war es hier tatsächlich kälter?

„I-ich sehe hier keine Wale", stotterte Fabius.

„Ich auch nicht …", gab Arielle etwas enttäuscht zu.

Plötzlich hörte sie etwas. Arielle lauschte angestrengt. Das Geräusch schien von weiter oben zu kommen. Je genauer sie hinhörte, desto mehr klang es nach einem Lied! Schnell schwamm sie auf das leuchtend blaue Licht zu, das durch die Meeresoberfläche drang. Das Lied wurde lauter. Da bemerkte Fabius einen dunklen Schatten unter ihnen.

Arielle schwamm zur Wasseroberfläche, um herauszufinden, woher das wunderschöne Lied kam. Aber als sie sich umblickte, sah sie nichts als das weite, flache Meer.

Sie runzelte enttäuscht die Stirn. „Ach, Fabius. Hier ist nichts", sagte Arielle. „Und wir müssen bald zum Konzert zurück, sonst ist Sebastian sauer auf uns. Fabius?" Arielle sah sich um. Wo war ihr Freund hin?

Sie wollte gerade wieder untertauchen, als Fabius plötzlich neben ihr aus dem Wasser schoss.

„Da war – da war ein Hai!",
schrie Fabius. „Ein Hai!"
Arielle versuchte ihren
Freund zu beruhigen.

„Fabius, Haie kommen
nicht in die Korallenbucht,
das weißt du doch! Es ist
zu nahe am Ufer für sie",
erinnerte sie ihn.

Dann hielt sie erschrocken
die Luft an. Etwas kam auf
sie zu und es sah wirklich
sehr nach einem Hai aus!
Arielle tauchte unter Wasser,
um besser sehen zu können.

Das Tier kam näher … und näher … bis es so nahe war, dass Arielle eine gewaltige Schwanzflosse erkennen konnte.

Arielle und Fabius staunten nicht schlecht. Es war eine Walmutter mit ihrem Baby. Und sie sangen!

„Walgesang", flüsterte Arielle.

„Es klingt wunderschön", sagte Fabius fasziniert – und auch erleichtert, dass es doch kein Hai war.

Arielle und Fabius ließen sich einige Augenblicke neben den Walen hertreiben. Ihnen war klar, dass sie vielleicht nie wieder einem Wal so nahe sein würden.

Arielle lauschte konzentriert auf die Melodie. Dann wiederholte sie sie. Die Wale lächelten ihr zu und sangen weiter. Arielle stimmte mit ein. Die Zeit verging wie im Flug. Gerade noch rechtzeitig erinnerten Fabius und Arielle sich an das Konzert und eilten zu Sebastian zurück.

Als Arielles Solo an der Reihe war, entschied sie sich für eine kleine Änderung. Sie schmetterte den herrlichen Walgesang, den sie von der Walmutter und ihrem Baby gelernt hatte.

Während sie weitersang, spürte sie, wie die Strömung sich veränderte, und sie wusste, dass die Wale gerade vorbeizogen. Sie lächelte und sang noch lauter – zur Feier des Sommeranfangs und auch zu Ehren ihrer neuen Freunde.

Die Schöne und das Biest

Erfindung mit Herz

„Oh Papa, ist das nicht aufregend?", fragte Belle. Sie und ihr Vater Maurice waren auf dem Weg in die Stadt. Heute fand die erste jährliche Erfindermesse statt. Maurice war monatelang mit der Organisation beschäftigt gewesen. Und jetzt war der große Tag endlich da!

„Das ist es allerdings", sagte Maurice. „Die Menschen kommen aus dem ganzen Land angereist. Ich habe so ein Gefühl, dass uns einige große Überraschungen erwarten!"

Als Belle und ihr Vater auf dem Marktplatz ankamen, war dort so viel los wie noch nie. Die Stadtbewohner waren eifrig damit beschäftigt, Stände aufzubauen, um ihre fantastischen Erfindungen zu präsentieren. Es liefen auch schon viele neugierige Zuschauer über den Platz.

„Schau du dich doch schon mal um, während ich die letzten Vorbereitungen treffe", schlug Maurice vor.

Belle konnte es kaum erwarten. Sie liebte neue Erfindungen.

Und hier waren gleich so viele ausgestellt!

Wo Belle auch hinschaute, sie entdeckte überall neue, einfallsreiche Apparate. Manche steckten voller Glocken und Pfeifen. Andere waren eher praktisch. Einige waren auch richtig hübsch.

Gerade als Belle dachte, sie hätte alles gesehen, entdeckte sie einen Menschenauflauf auf der anderen Seite des Platzes. Belle drängelte sich durch die dichten Reihen, um zu sehen, warum die Leute alle „Oooh!" und „Aaah!" machten.

Als sie sich schließlich durch die Menge gekämpft hatte, riss Belle die Augen auf. In der Mitte des Kreises stand eine Erfindung, die ganz anders war als die anderen. Und die Erfinderin war ein Mädchen in ihrem Alter! Die junge Frau wollte gerade zeigen, wie ihre Maschine funktionierte, und suchte nach einem Freiwilligen.

„Wie heißt du?", fragte das Mädchen Belle.

„Ich bin Belle."

„Mein Name ist Simone. Würdest du meine Freiwillige sein?"

Simone führte Belle zu ihrer Erfindung. „Leg bitte diese Blätter auf das Sieb."

Belle tat, worum sie gebeten wurde. Dann schloss Simone die Klappe der Maschine und drückte auf einen Knopf.

„Et voilà!", rief Simone.

Heraus fiel ein glattes, kleines Stück Papier. Simones Erfindung presste Blätter zu Papier! Die Zuschauer applaudierten.

Während die Leute sich zerstreuten, half Belle Simone dabei, all die neuen Papierblätter zu stapeln. „Wie bist du auf so eine tolle Erfindung gekommen?", fragte Belle.

„Als ich klein war, wollte ich immer etwas erfinden, das Glück verbreitet", erklärte Simone. „Eines Tages wurde mir klar, dass besondere Nachrichten Menschen glücklich machen. Manchmal entstehen sogar neue Freundschaften durch so eine besondere Nachricht. Also beschloss ich eine Maschine zu erfinden, die zu diesem Zweck auch besonders schönes Papier herstellen kann."

Belle blickte auf den Stapel des hübschen Blätterpapiers hinunter. „Das bringt mich auf eine fantastische Idee!", sagte sie.

Simone sah sie neugierig an.

„Wir könnten doch nette Botschaften auf diese Blätter schreiben und sie an die Menschen in der Stadt verteilen!", schlug Belle vor.

„Das ist eine wunderbare Idee!", rief Simone.

Aber an wen sollten sie zuerst schreiben?

Mit einem Mal bemerkten sie den Duft frischer Blumen ganz in der Nähe. Zusammen schrieben sie dem Blumenhändler: *Danke, dass du schöne Blumen verkaufst. Sie muntern jeden auf.*

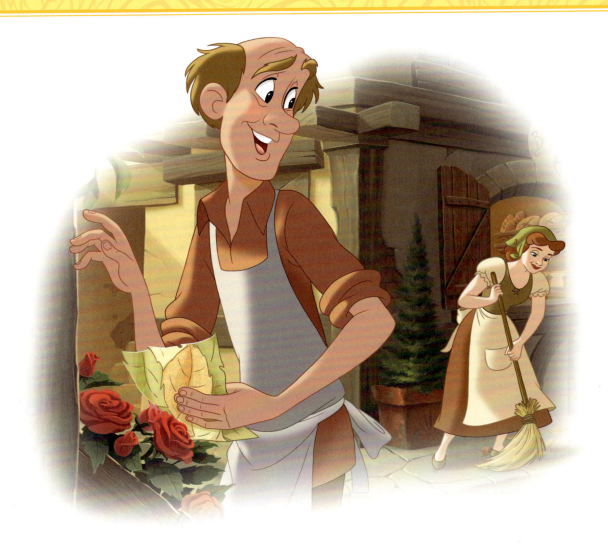

Belle und Simone brachten ihm den Zettel vorbei, aber ohne ihre Unterschriften. Sie wollten, dass sich das Glück heimlich verbreitete – so war es gleich viel aufregender.

Sie sahen zu, wie der Blumenhändler seine Nachricht öffnete. Als er sie las, schien ihn das sehr glücklich zu machen!

„Das macht Spaß!", sagte Simone. „Komm, wir schreiben noch eine. Wer soll der Nächste sein?"

„Wie wäre es mit dem Buchhändler?", schlug Belle vor. „Seine Bücher machen mich immer glücklich. Mit einer freundlichen, kleinen Nachricht kann ich mich am besten bedanken."

Also schrieben Belle und Simone dem Buchhändler eine Nachricht. Und wieder schafften sie es, die Post unbemerkt abzuliefern.

Der Buchhändler bediente gerade einen Kunden, als er den Zettel bemerkte. Belle und Simone sahen zu, wie er ihn aufklappte, las und lächelte.

Belle zwinkerte Simone zu. „Deine Erfindung funktioniert!", flüsterte sie. „Sie verbreitet wirklich Glück!"

Zusammen verteilten die Mädchen freundliche Nachrichten an viele Bewohner der Stadt. Bald hatten sie nur noch ein Blatt übrig.

„Wem sollen wir den letzten Zettel schreiben?", fragte Simone.

„Ich weiß genau, wem", erwiderte Belle.

Kurz darauf überbrachten Belle und Simone eine ganz besondere, handgeschriebene Nachricht an Belles Vater Maurice. Diesmal versteckten sie sich jedoch nicht, sondern sahen zu, wie er sie las.

Lieber Papa, danke, dass du diese Messe organisiert hast. Durch sie entstand eine neue Freundschaft. – Belle und Simone

Maurice lachte leise. „Sehr gern geschehen." Dann überreichte er den Mädchen neue Bücher. „Der Buchhändler hat mich gebeten, euch die zu geben. Er hat deine Schrift erkannt, Belle, und wollte dir danken. Die Nachricht hat ihn sehr glücklich gemacht."

Am Abend ging die Messe zu Ende. Es war an der Zeit, dass Simone ihre Erfindung zusammenpackte und sich verabschiedete.

„Ich hatte viel Spaß heute", sagte Simone zu Belle. „Ich bin so froh, dass wir uns kennengelernt haben. Und ich wollte dir das hier geben." Sie reichte Belle einen Stapel frisches Blätterpapier. „Versprichst du mir zu schreiben?"

Belle umarmte Simone. „Natürlich", sagte sie. „Und du musst zurückschreiben. Ich will von all den fantastischen, neuen Erfindungen hören, die dir noch so einfallen!"

Belle winkte, während Simones Wagen davonrollte. Sie würde ihre neue Freundin vermissen.

Später am Abend schlug Belle ihr neues Buch auf und entdeckte eine kleine Nachricht von Simone zwischen den Seiten. Als sie die Botschaft las, wusste sie, dass ihre Freundschaft halten würde.

Belle konnte es kaum erwarten, Simone wiederzusehen. Sie war sich sicher, dass ihr nächstes Abenteuer sogar noch mehr Spaß machen würde.

Disney Prinzessin
Aschenputtel
Eine neue Mäusefreundin

Warmer Sonnenschein strömte durch die Fenster von Cinderellas Salon, während sie mit ihren Mäusefreunden beim Nachmittagstee saß.

Cinderella schmeckte jedoch kaum, wie köstlich das Essen war. Sie war zu sehr damit beschäftigt, an ihre Freundin Gabrielle zu denken, die gleich zu Besuch kommen wollte. Gabrielle war die Cousine des Prinzen, aber sie lebte so weit weg, dass Cinderella sie nicht oft zu sehen bekam.

Jetzt betrat ein königlicher Page den Salon. „Lady Gabrielle ist eingetroffen", verkündete er. Gabrielle stürmte ins Zimmer und lief auf Cinderella zu, um sie in die Arme zu schließen.

„Wie schön, dich zu sehen, meine Liebe!", sagte sie. Während die beiden Freundinnen angeregt plauderten, bemerkten Jaques und Karli, dass Gabrielle etwas Ungewöhnliches dabeihatte.

„Was ist denn das?", fragte Jaques. Eifrig zeigte er auf ein niedliches, kleines Häuschen, das Gabrielle auf dem Boden abgestellt hatte.

Gabrielle bemerkte die Neugier der Mäuse und unterbrach sofort ihr Gespräch. „Darf ich vorstellen? Meine liebe Freundin Babette." Sie öffnete die kleine Tür des Häuschens und Babette spazierte in ihre Hand.

Jaques und Karli trauten ihren Augen kaum. Babette war wie sie eine Maus!

„Ich habe die Kleine in einem der Schlafzimmer im Schloss entdeckt", erzählte Gabrielle. „Nachdem ich deine Mäusefreunde kennengelernt hatte, Cinderella, musste ich sie einfach aufnehmen."

Jaques und Karli winkten der neuen Maus zu, aber Babette starrte sie nur an.

„Möchtest du Kuchen, Babette?", fragte Cinderella. Die Maus nahm sich ein Stückchen und rannte zurück in Gabrielles Hand.

„Sie hätte ja mal Danke sagen können", flüsterte Jaques Karli zu.

„Wie unhöflich!", fand auch Karli.

„Cinderella, meine Liebe, du musst mir unbedingt den Schlossgarten zeigen", sagte Gabrielle.

„Jaques und Karli, führt ihr doch Babette im Schloss herum", schlug Cinderella vor. Jaques und Karli waren einverstanden und zeigten Babette all ihre Lieblingsplätze.

„Das hier ist die Bibliothek!", sagte Jaques.

„Jede Menge Bücher", ergänzte Karli und zeigte auf die Regale. Babette sah sich um, sagte aber kein Wort.

Dann führten Jaques und Karli Babette in den großen Ballsaal.

„Habt ihr auch einen Ballsaal?", fragte Jaques, um ein Gespräch in Gang zu bringen.

Babette nickte. Das war alles.

Jaques und Karli zeigten Babette das ganze Schloss, immer in der Hoffnung, ihr Interesse zu wecken. Aber wo sie auch hingingen, Babette nickte immer nur oder sagte gar nichts.

Später fragte Cinderella Jaques und Karli, wie Babette die Schlossführung gefallen hatte.

„Sie ist eingebildet", sagte Jaques.

„Hochnäsig!", stimmte Karli zu.

„Ach kommt", beschwichtigte Cinderella sie sanft. „Ihr kennt sie doch kaum. Gebt ihr erst mal eine Chance."

Als Cinderella die beiden Mäuse wieder auf den Boden setzte, fiel ihr etwas auf. „Mein Armband!", japste sie. „Ich muss es auf dem Rundgang mit Gabrielle verloren haben!"

„Wir suchen es für dich, Cinderelli!", rief Jaques.

„Oh, das ist wirklich lieb von euch", sagte Cinderella, „aber wir waren im ganzen Schloss unterwegs. Das Armband könnte überall sein. Wie wollt ihr es finden?"

„Kein Problem für Jaques und Karli!", prahlte Jaques. „Komm mit, Cinderelli!"

Zuerst fragten sie Gabrielle, wann sie das Armband zuletzt gesehen hatte.

„Ach je. Ich war so beschäftigt damit, das Schloss zu bewundern, dass ich gar nicht auf Cinderellas Armband geachtet habe", gestand Gabrielle.

„Ich kann euch beim Suchen helfen", ertönte plötzlich eine leise Stimme. Es war Babette, die gerade aus ihrem Häuschen trat.

Jaques und Karli sahen sie argwöhnisch an, aber Cinderella lächelte. „Das wäre ganz reizend. Danke, Babette."

Jaques nickte zögerlich. „Wir suchen an den Stellen in Mäusegröße und Cinderelli an denen in Prinzessinnengröße."

Die drei Mäuse huschten von Zimmer zu Zimmer.

Sie suchten hinter Vorhängen, auf Schränken und sogar im Teezimmer. Karli durchsuchte ein ganzes Teeservice.

„Ach Karli, Cinderellis Armband ist doch nicht in der Teekanne!" Jaques lachte.

Karli schien peinlich berührt, aber Babette sagte leise: „Es kann ja nicht schaden nachzusehen."

Plötzlich rief Babette: „Jaques! Karli! Seht mal!" Sie hatte Cinderellas Armband gefunden – es klemmte zwischen zwei Sesselkissen.

„Hurra!", jubelten Karli und Jaques.

Die beiden Mäuse sprangen hinunter, um Babette dabei zu helfen, das schwere Armband zwischen den Kissen hervorzuziehen.

„Geh zu Cinderelli und sag ihr, dass du es gefunden hast!", schlug Karli vor.

„Oh, aber das könnte ich nie!", sagte Babette und errötete.

Jetzt verstanden Jaques und Karli, warum Babette so wenig gesagt hatte. Sie war gar nicht hochnäsig. Sie war nur schüchtern!

„Los, trau dich!", sagte Karli und klopfte ihr aufmunternd auf die Schulter.

„Cinderelli ist die netteste Prinzessin auf der Welt", sagte Jaques. „Du kannst ruhig mit ihr sprechen."

Cinderella durchsuchte gerade ihr Zimmer. Jaques und Karli schoben Babette mit dem Armband sanft nach vorn.

„Oh, du kleiner Schatz!", rief Cinderella. „Hast du etwa mein Armband gefunden?"

Babette nickte schüchtern.

„Vielen Dank", sagte Cinderella.

Babette nahm all ihren Mut zusammen, sah Cinderella in die Augen und sagte: „Gern geschehen, Prinzessin."

Den Rest des Tages verbrachten die neuen Freunde damit, in den vielen Zimmern des Schlosses Verstecken zu spielen. Als Gabrielle schließlich nach Hause musste, fiel es Jaques und Karli sehr schwer, sich von Babette zu verabschieden.

„Komm uns bald wieder besuchen!", sagte Karli.

Babette lächelte. „Ich werde euch vermissen!", rief sie.

Sie gingen zusammen nach draußen, um der Kutsche hinterherzuwinken. Nachdem Gabrielle und Babette außer Sicht waren, drehte sich Jaques zu Cinderella um.

„Babette ist richtig nett!", sagte er.

„Sie ist die Beste!", stimmte Karli zu.

„Ach wirklich?", fragte Cinderella mit einem Lächeln. „Sie ist also gar nicht ‚hochnäsig' und ‚eingebildet'?"

„Tut uns leid!", sagte Jaques zerknirscht.

„Schon gut", erwiderte Cinderella. „Bestimmt habt ihr in Zukunft mit neuen Freunden etwas mehr Geduld."

Karli nickte weise und Jaques rief: „Oh ja, ganz sicher!"

Disney Aladdin

Der Stein des Sultans

Die Sonne strahlte vom Himmel. Morgen war der Tag der Einheit – der Tag, an dem ganz Agrabah jedes Jahr die Geschichte der Stadt feierte. Und in diesem Jahr wurde die Stadt fünfhundert Jahre alt.

Ganz in der Nähe redete ihr Vater, der Sultan, aufgeregt auf einen der Diener ein. Jasmin ging näher heran, um zuzuhören.

Farid, der Diener, schüttelte den Kopf. „Es tut mir leid, Sultan, aber der Suchtrupp konnte den Stein nicht finden. Der Halari-Dschungel ist einfach zu groß."

Der Sultan sah sehr enttäuscht aus. „Schade. Aber trotzdem vielen Dank, dass ihr es versucht habt."

Der Halari-Dschungel?, dachte Jasmin. Dort wollte sie schon immer einmal hin, aber ihr Vater fand, es sei zu gefährlich. Sie suchte Aladdin und erzählte ihm, was sie gehört hatte.

„Bestimmt ging es um den Stein des Sultans", sagte Aladdin. „Der erste Sultan von Agrabah war sehr beliebt. Aber sein Bruder war eifersüchtig auf ihn. Er stahl ihm einen wertvollen Stein und versteckte ihn hinter einem Wasserfall im Dschungel. Niemand hat ihn jemals wiederfinden können."

„Bis heute", sagte Jasmin. „Denn wir werden ihn finden."

„Klingt wie ein Abenteuer nach meinem Geschmack", erwiderte Aladdin.

Er pfiff nach dem fliegenden Teppich und zusammen mit dem Äffchen Abu machten sie sich auf den Weg in den Halari-Dschungel.

Unterwegs wollte Jasmin unbedingt noch mehr über den Stein wissen. „Wie genau sieht der Stein des Sultans eigentlich aus?", fragte sie Aladdin.

„Die meisten Leute glauben, dass er eine Statue des ersten Sultans ist. Niemand weiß, wie er aussah. Ich frage mich, ob …"

„Da ist er!", unterbrach ihn Jasmin und zeigte auf einen dichten Wald mitten in der Wüste. „Der Halari-Dschungel!"

Der fliegende Teppich glitt direkt am Rand des Dschungels zu Boden. Jasmin versprach ihm, dass sie bald zurückkehren würden.

Die Prinzessin ging voran. Der Dschungel war wunderschön. Er wirkte auch gar nicht gefährlich. Warum hatte Vater nur solche Angst, mich diesen Wald erkunden zu lassen?, fragte sie sich. Hier ist es doch so friedlich und …

„Jasmin, pass auf!", rief Aladdin.

Jasmin blieb gerade noch rechtzeitig stehen. Sie waren am Rand eines Sumpfes angelangt!

Abu kreischte aufgeregt und zeigte auf das Wasser. Da bewegte sich etwas im Sumpf. Und nicht einfach irgendwas – es war ein Krokodil!

„Äh … Vielleicht sollten wir umkehren und einen anderen Weg nehmen", schlug Aladdin vor.

Aber Jasmin hatte schon gefunden, was sie brauchten: zwei lange, kräftige Äste. Einen reichte sie Aladdin. An dem anderen schwang sie sich geschickt an dem Krokodil vorbei über den Sumpf.

Aladdin tat es ihr nach. „Gut gemacht, Prinzessin", sagte er. „Jetzt lass uns dieses Ding finden und dann nichts wie raus hier!"

Wenige Minuten später erreichten sie eine Lichtung. In deren Mitte stand ein riesiger Stein, der über und über mit herrlichen Juwelen bedeckt war.

„Na, das war ja einfach", sagte Aladdin und warf Jasmin einen zweifelnden Blick zu. War das etwa schon der Stein des Sultans?

Jasmin wollte auf den Stein zugehen, aber Aladdin hielt sie fest. „Jasmin, wenn der Stein so leicht zu finden ist, warum hat ihn dann noch niemand entdeckt?", gab er zu bedenken. „Und ich sehe hier auch keinen Wasserfall."

„Du hast recht", erwiderte Jasmin. „Das könnte eine Falle sein." Statt direkt zum Stein zu gehen, pflückte sie eine Grapefruit von einem Baum und ließ sie auf den Stein zurollen.

Sobald die Grapefruit auf den Stein traf, gab es einen grellen Lichtblitz und die Grapefruit verbrannte im Nu zu Asche. Jasmin schnappte nach Luft. „Der Bruder des Sultans muss ein mächtiger Zauberer gewesen sein, wenn er einen Stein mit so einem Fluch belegen konnte."

„Ich bin jedenfalls froh, dass die Grapefruit das herausgefunden hat und nicht wir!", antwortete Aladdin.

Jasmin hielt die Falle für ein Zeichen, dass sie auf dem richtigen Weg waren. Aber nach stundenlanger Suche begann sie sich doch zu fragen, ob Aladdin vorhin die bessere Idee gehabt hatte. Vielleicht hätten sie gleich einen anderen Weg suchen sollen.

Als Jasmin sich umdrehte und eine Pause vorschlagen wollte, sah sie, dass Abu Beeren in der Hand hielt. Sie waren mitternachtsblau und sahen genau aus wie …

„Abu!", schrie Jasmin, als der Affe sich ein paar Beeren in den Mund schob. „Das sind Mitternachtsbeeren. Die sind giftig!"

Abu kreischte und spuckte die Beeren wieder aus.

„Gut, dass du sie nicht gefressen hast, Abu!", sagte Aladdin. „Ich weiß, du hast Hunger. Wir besorgen dir bald etwas Essbares."

Doch die Beeren hatten Jasmin auf eine Idee gebracht. Mitternachtsbeeren wuchsen nur in der Nähe von Wasser. Jasmin rannte vor und da war er: der Wasserfall!

Aladdin und Abu holten sie ein. „Du hast ihn gefunden!", rief Aladdin.

Ein Pfad über bemooste Felsen führte direkt hinter den Wasserfall. Aufgeregt trat Jasmin auf den ersten Stein – und wäre fast in das rauschende Wasser gestürzt!

Vorsichtig passierten sie den Wasserfall. Aber als sie endlich hinter dem rauschenden Wasser standen, fanden sie dort nur eine nackte Felswand vor! Hatten sie den ganzen Weg umsonst gemacht?

Erschöpft lehnte Jasmin sich gegen die Wand. Da bewegte sich plötzlich der Fels. „Aladdin, hilf mir mal schieben!", rief sie.

Sie drückten mit aller Kraft gegen die Wand und die begann sich langsam zu drehen. Hinter der Wand offenbarte sich den Freunden eine Geheimkammer.

In der Mitte stand ein uraltes Holzkästchen auf einem Podest. Aber Jasmin und Aladdin griffen nicht sofort danach. Sie erinnerten sich noch allzu genau an die Steinfalle! Aladdin sah sich um. Er trat einen Schritt vor und stellte seinen Fuß ganz leicht auf den Boden. Sofort begannen die Bodenplatten zu bröckeln.

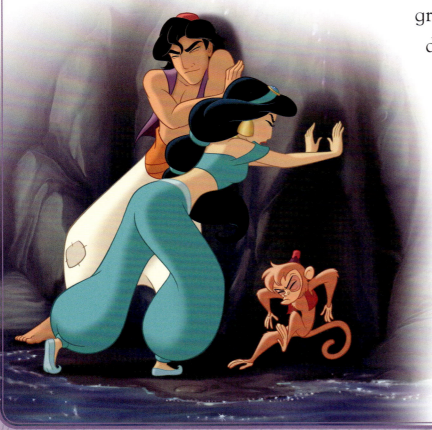

„Jasmin", rief er, „bist du bereit für einen Sprint? Einen ganz schnellen?" Jasmin nickte und zusammen rannten sie auf das Podest zu. Hinter ihnen brach der gesamte Boden weg! Felsbrocken fielen von oben herab. Sie duckten sich nach links und nach rechts und erreichten in letzter Sekunde das Podest. Sofort hörte die Kammer auf zu beben.

„Hm, das hätte besser laufen können", bemerkte Aladdin, als er auf die zusammengestürzte Höhle hinter ihnen zurückblickte.

„Wenigstens haben wir den Stein", antwortete Jasmin und nahm das Kästchen in die Hand. Das leere Podest sank in den Boden und gab einen geheimen Pfad frei.

„Natürlich! So muss der Zauberer entkommen sein, nachdem er den Stein versteckt hatte", sagte Jasmin. Sie folgten dem Pfad und gelangten schließlich auf der anderen Seite des Wasserfalls wieder in den Dschungel.

„Wir haben es geschafft!", rief Jasmin.

„Ich finde, jetzt sollten wir uns den Stein auch mal ansehen", sagte Aladdin.

Jasmin öffnete das Kästchen in der Erwartung, eine mit wertvollen Rubinen oder glitzernden Smaragden besetzte Statue zu sehen. Stattdessen zog sie eine ganz einfache Steinfigur heraus. Sie zeigte eine Frau in königlichen Gewändern.

„Sieh mal, da steht was drauf", sagte Aladdin.

Jasmin sah sich die Schrift genauer an. „Der Stein von Lilah, der ersten Herrscherin von Agrabah", las sie vor. „Der erste Sultan von Agrabah war wohl eine Sultanin!"

Aladdin lächelte. „Das ist eine wunderschöne Statue", sagte er bewundernd. „Und ich bin sicher, Agrabah wird sehr froh sein, sie wiederzuhaben. Apropos …
Uns will man sicher auch wiederhaben."

Am nächsten Mittag versammelten sich die Bewohner von Agrabah vor dem Palast.

„Bevor wir mit den Feierlichkeiten beginnen, möchte meine Tochter etwas sagen", verkündete der Sultan.

Jasmin trat vor. „Wir freuen uns sehr, dass ihr alle zum Palast gekommen seid", begann sie. „Und wir freuen uns noch mehr, dass wir etwas Besonderes an diesem fünfhundertsten Tag der Einheit zu feiern haben." Sie hob die Statue in die Höhe. „Die Rückkehr des Steins des Sultans!", rief sie.

Ein erstauntes Raunen ging durch die Menge … und dann brach der Jubel aus.

Jasmin sah zu ihrem Vater hinüber, dessen Mund weit offen stand.

„Aber … aber wie hast du den Stein des Sultans gefunden? Ich dachte, er sei im Halari-Dschungel", stotterte er ungläubig.

„Da war er auch", lächelte Jasmin. Sie zwinkerte ihm zu. „Eines Tages nehme ich dich mal mit dorthin."